АНАТОЛИЙ КЕРНОСОВ

СТИХИ

КНИГА СЕДЬМАЯ

2012

ISBN: 978-1-105-64216-6

Printed in Canada by AltaSpera Publishing & Literary Agency Inc.

Обидно, очень обидно,
Что даже в бинокль не видно,
То, что обещано вождями
Смывается не сильными дождями.
А лозунги ещё зовут вперёд,
Но впереди никто не ждёт.
Надежды переходят по-наследству.
Богатство для богатых, бедность к бедству.
И только речи всех объединяют
И тех, кто пахнут и тех, кто воняет.
Но хорошо, что можно говорить
И за слова ведь могут уморить.

В мою холодную ладонь
Свою горячую вложила.
И тела твоего огонь
Меня всего воспламенила.
Я был растерян, был встревожен,
Как дикий конь я был стреножен.
Под твоим взором я дрожал
И, кажется, я что-то возражал,
Но тут же робко соглашался.
Я весь обмяк и даже сжался.
Ты поняла, что я погиб
В усмешке губ твоих изгиб.
Меня презреньем добивала
И в лоб меня поцеловала.
Как будто был я не живой,
А я и правда был такой.

Закат ложился на дома.
Ещё чуть-чуть, наступит тьма.
Зажгутся в городах огни.
Украсят города они.
Начнётся жизнь совсем иная
И не такая, как дневная.
В огнях и люди все горят.
Всегда, как праздничный наряд.
Трамваи светятся внутри.
Они плывут, как корабли.
Сигналов много от машин.
И вдруг пугает скрежет шин.
От света фар становится,как днём.
Ползёт лавина, став огнём.
А где-то торжествует тьма.
Тьма торжествует до утра.

Проснулся утром, иней на траве.
Такое часто можно видеть в ноябре.
И крыши словно кто-то побелил.
И лужи кто-то за ночь застеклил.
Вороны не летают, а сидят.
На крыше уместились в ряд
И каркают о чём-то в тишине.
Похоже что-то о зиме.

Кручусь в кровати, словно рыба на песке.
Все думы о тебе и о себе.
Мы жили долго и поэтому не ровно.
То пульс выскакивал, бывало хладнокровно.
На миг нас поглощали миражи
И место занимало много лжи.
В улыбках, поздних возвращеньях.
В поступках, так похожих на прощенья.
Мешали жить,как зеркало глаза,
Как из железа выходила ржа.
Куда их спрячешь, если мы одни.
Куда их спрячешь от любви и не любви.
Бывало подозреньем обижали
Мы тех людей, которых приближали
И ревность выжигала всё кругом
И адом становился дом.
Да, да всё было и любовь и муки,
И радость встреч и горечи разлуки,
Но всё же чувство крупное осталось
И жизнь всё дальшс продвигалась.

В потоках людей
На бульварах Торонто
Можно встретить друзей,
Здесь не линии фронта.
Улыбаются лица,
Улыбаюсь и я.
Будто мне это снится
Мы здесь все, как семья.
Все откуда-то родом.
Все оставили тыл.

Все мы стали народом
Без родимых могил.
Всё здесь чисто и гладко,
Но здесь воздух не тот.
Улыбается сладко
Эмигрантский народ.

Город Элистон - канадская провинция.
Игрушечный город, как в детстве моём.
Здесь не бывает никогда полиция,
Здесь даже не пахнет жульём.
Степенные дядьки сидят в кафетериях.
Им каждый прохожий, как новый музей.
Они рассуждают о высших материях.
И знают множество идей.
Дома все в стрелочку, не портят авеню.
Балкончики, заборчики, скамеечки в строю.
Серебрянные бабушки, как будто в старину.
Здесь всё ещё до выстрелов в 17 ом году.

Кожа стала, как помятая бумага,
А глаза - потухших два угля.
Пузо, как у нашего завмага.
В, общем, не похож я на себя.
На макушке выглянуло солнце.
Полукругом выгнута спина.
По утрам похож я на японца.
Как японец, впрочем, навсегда.
Но пока я жив и это правда.
Каждый день, как мой последний день.
Ничего не оставляю я на завтра

И стихи писать ещё не лень.

Когда-нибудь мои стихи споют.
На вечере, в честь старого поэта..
Букет цветов большой приподнесут.
Статью напишет местная газета..
Театра зал заполнят старики.
Их время песнями воспето.
У молодых другие песняры.
У молодости новые секреты.
Поэты в старости, как дети.
Их похвали, у них слеза.
Они за поколение в ответе.
Которое уходит навсегда.
Они потом в учебники уходят.
Поэт не только о себе, о времени писал
И кто-то для себя находит.
О чём он, как поэт мечтал.

Краски все пожухли,серая картина.
Вся земля сырая, от дождей.
Настроенье падает,в чём же здесь причина.
Друг налей мне водки и себе налей.
Что-то думы чёрные всё приходят в голову.
Нету мне веселья и среди людей.
Чёрный ворон у окна надрывает голос.
Друг налей мне водки и себе налей.
Вспомним о делах былых,
Вспомним мы друзей,
Многих нет уже в живых.
Водки мне налей.

В России нас осталось мало.
По миру жизнь нас разбросала.
И в близком и далёком зарубежье,
И думать не могли мы прежде,
Что океан не будет нам преградой.
Уехать из страны мы будем рады.
Где родились и выросли, где были все надежды.
Предателями нас считали прежде.
Не может быть предателем народ.
Ведь двадцать миллионов здесь живёт.
Предатели внутри страны живут,
Которые народное крадут.
Когда они уедут из страны.
Когда все станут перед судьями равны.
Тогда вернутся русские назад,
Где на погосте предки их лежат.

ШАНСОН

Сегодня встреча Сонечки и Ванечки.
Их познакомили вчера.
И на столе конфеточки и прянички.
Чай можно пить до самого утра.
Раздули самовар,как в старину.
Поставили пластинку в патефон,
А гости,как положено тому
Составили приличный фон.

Играли и плясали кукараччу.
Пытались даже петь,как там поют,
Но сразу вышла неудача,
Как говорят, проигранный дебют.
Во время танца Ванечка старался,
Но руки со спины сползали вниз,
Когда в любви он Сонечке признался,
Они спустились прямо на карниз.
Не ожидала Сонечка нахальства.
К тому ж ещё и при гостях такой парад:
« Вы Ваня,как моё начальство
Хватаете за мой шикарный зад.
Спиртное вроде мы не пили,
Тогда бы можно всё понять.
Давно видать тебя не били.
Петра я позову-бока тебе намять.»
Такая вот случилась кукарачча.
Видать Иван не с чая был в хмелю.
Все разошлись, сидела Соня плача
И проклиная женскую судьбу.

ШАНСОН

Унас сегодня юбилей.
Себе налил и мне налей.
Подвинь поближе мне салат
И отодвиньте виноград.
Сейчас скажу я умный тост.
Он будет мудр, совсем не прост.
Чтоб был доволен юбиляр.
У нас ведь праздник ,не базар.
За первым тостом легче будет.
Вино сознание разбудит.
Пригубили шампанского.

Коньяка Ереванского.
Сладкой вишни наливочки.
Всё запили пивком.
Разговоры окрепли,ни о чём, обо всём.
От одних начинался и катил колесом.
О житье ,о политике, о прошедшей войне.
Всё искали ту истину,что таится в вине.
Чтобы глубже проникнуться,наливали ещё.
Видно истина прячется очень уж глубоко.
Невдомёк было каждому,они с нею пришли.
Вместе с водкой и пивом и её принесли.
Юбиляр был забыт.
Он на кухне сидел.
В меру пьян, в меру сыт
И в окно он глядел.

Не знаю я , что со стихами будет.
Я напишу,а дальше жизнь рассудит.
Их кто-то бросит в унитаз
И скажет: «Это не для нас.
Читаем мы лишь тех,что покрупнее.
Они слова слагают поскладнее.
Поэтов развелось, как комаров.
Связать не могут пару слов.
У всех у них где кровь, там и любовь.
Или любовь рифмуется с морковь.
И этот тоже дальше не ушёл.
То здесь, то там случается прокол.
Бывает,что про рифму забывает
И прозу за стихи толкает.
Пойду я лучше Бродского читать.
Не всё я буду понимать.
Когда скажу друзьям, что Бродского читал,

То будет для меня свободным пьедестал.»
Свою я критику вложил в уста чужие.
Ведь я пишу стихи такие.

Ветер дует с Востока,
Значит будут дожди.
Значит осень до срока.
Невесёлые дни.
Полетят птицы к дому,
Где тепло круглый год.
Меня птицы возьмите
В этот свой перелёт.
Значит нам расставаться
С тобою пора.
Проведём эти ночи
Мы с тобой до утра.
Мы камин разожжём,
Пусть огонь светит нам.
Мы вино разольём
Со слезой пополам.
Ну зачем же ты осень
Разлучаешь людей
Ну зачем же ты осень
Не жалеешь людей.

Ещё одна исписана тетрадь.
Рискую я ,когда пишу.
Тетради эти брошу под кровать.
Когда-нибудь я их прочту.

А что мне их читать?
Я их писал.
В себе огонь я зажигал.
И много раз писать бросал.
Когда я понимал,что это всё пустое,
Что сам себя я развлекал.
Что лучше мне избрать занятие простое,
Но снова в рифму попадал.
Вот наваждение какое.
Какой-то бес мне нашептал,
Что что-то есть во мне такое,
Чтоб я об этом людям рассказал.

Город у озера,место встречи.
Индейские речи теперь не слыхать.
Торонто,Торонто в индейской речи
И ехали к берегу друга обнять.
Сейчас это город стекла и металла.
Огромные банки прижали дома.
И люди,как мелкие чьи-то детали.
В движении строгом от угла до угла.
Летят самолёты, плывут пароходы
В Торонто,в Торонто,где встретят тебя.
Здесь мирно живут все народы,
Которые воюют у себя.

Есть такие страны,где явный перекос.
На голубых и розовых здесь повышен спрос.
Мэры голубые ценятся вдвойне.

Ведь они двойные ,но в одном лице
Здесь парады гордости с мэром во главе.
Гордости тем больше, если в неглиже.
Мужики холёные в женских париках.
Что за ориентация в ихних стариках?
Странные влюблённые бродят в городах.
С внуком появиться прямо стыд и страх.
Косо смотрят люди на деда с сединой.
Извратил мальчишку, стыд-то здесь какой.
Может мало девок на земле у нас,
Если появляется где-то педераст.
Может стали парни членом дорожить,
Если девка с девкой вместе стали жить.

Мне 80 ,я юбиляр.
Сижу в Президиуме собрания.
Ну тот ещё экземпляр.
Собрание «Общество знания».
Я ничего не слышу и плохо вижу.
Засыпаю под нудную речь.
Не первый год себя я ненавижу
И хочется мне лечь.
Но вот аплодисменты для меня.
Я просыпаюсь, чмокая губами.
Меня вы восхваляете зазря,
Ведь баловался я стихами.
И классик я районного масштаба.
Поэм не создал ни одной.
Не мог я быть для юношей примером.
В поэзии я точно рядовой.

Когда читаю я других поэтов.
Ущербным чувствую себя.
И мысли те же,всё уже пропето.
Такие же ,как у меня слова.
Но так и мысли и слова закручены.
От них кружится голова.
Мне невдомёк, а где они научены.
Наверно плохо,если мысль ясна.
Я взял Некрасова, себя проверить.
Я Мцыри взял, такая простота.
Я им, как прежде, буду верить.
Там есть и мысль и красота.

Раз ступенька,два ступенька.
По ступенькам жизнь идёт.
Поднимаемся сначала,
А потом наоборот.
Поднимаясь, мы мечтаем
Птицу счастия поймать.
Кому пёрышко досталось,
Кому счастья не видать.
Птица счастья осторожна
И летает высоко.
Сколько голову сломали,
Скольких ветром унесло.
Что ж мечта, мечтать красиво.
Всё же нужно выбрать цель.
В жизни часто лихорадит,
То жара,а то метель.

Женские стихи-они лучше мужских.
В них тоньше аромат и тоньше пониманье.
Они всегда как будто для двоих
И пишутся как будто на прощанье.
В них запах осени и белизна туманов.
В них крики журавлей летящих высоко.
Канва начавшихся романов
И продолженья в стиле рококо.

Природа заплакала,что лето уходит.
Дожди зарядили, унынье наводят.
Бульвары пустынны,как вымер народ.
И ветер опавшие листья метёт.
Дожди по карнизам монотонно стучат.
Вороны промокли и громко кричат.
Мой пёс недоволен осенним дождём.
Сегодня опять мы гулять не пойдём.

Нет я борюсь не сам с собой.
Борюсь я со своей душой.
Не сплю,бывает, я ночами.
Она под печень бьёт ногами.

А иногда я за столом,
Она пытает на излом.
Когда я в думах о тебе,
Она всё бьет по голове.
Когда я сочиняю стих,
Она старается поддых.
Мол всё не то и всё не так.
За всё плати теперь - - - - -.

Я больше здесь на пленного похож,
Но прочитал,что здесь я оккупант.
Я возмутился,я достаточно хорош.
К тому же я юстиции гарант.
Но мне сказали: «Ты сиди и не кричи.
Раз к нам приехал,значит оккупант.
Хоть оккупировал одну кровать-молчи,
Подумаешь приехал гранд»
Вот так,английского не зная
В бистро не прочитаешь прейскурант.
Но есть и выгода большая.
Когда к нам гость,то значит оккупант.

Я не один,напротив на кровати кошка.
Она всё наблюдает,как пишу
И если я иду к окошку
Идёт за мной,когда я ухожу.
Вот привязалась,я закрою шторы.
С тобой я разговариваю зря.
Хотя ты ухом шевелишь на каждый шорох

И понимающе уставила глаза.
Но не помошница ты мне в моих писаньях.
Ну что ты ластишься теперь к моей руке?
Я всё равно пишу лишь о своих страданьях..
Когда-нибудь я напишу и о тебе.

Зачем нужны хозяевам собаки?
Чтоб с ними говорить, когда одни
И пнуть её,когда боишься драки
И гладить, если нет любви.
Ещё нужна собачья дружба,
Чтобы смотреть в правдивые глаза.
Собачья верность-это служба
И лапу жать,когда вдали друзья.
Собака друг, когда ты друг,
Она всегда у твоих ног.
Она вернее всех подруг
В те дни, когда ты одинок.

БОБРУЙСК

Бобруйск - три года юности моей.
Среди посадочных огней
Военного аэродрома.
От города отдельно и от дома,
А также от других людей
И от родных и от друзей.
Забором деревянным и приказом
И патрулей орлиным глазом.

Казарма- врят ли женщине понять,
Что значит двухэтажная кровать.
Когда учебную тревогу объявляли,
То верхние на нижних наступали.
И если нижний ночью волновался,
То и второй не высыпался.
В Бобруйске нас от женщин отстранили.
Мы сами убирали всё и мыли.
И, странно, было чисто и светло.
Бывало старшина платочком тёр окно
И если пыль он где-то находил,
Солдат ещё казарму мыл.
Нам здесь сказали: « Женщин нет.
Мужчины приготовят вам обед»
И чтобы женщин вообще мы позабыли,
Нам всем уколы в задницы всадили.
Но видно был разбавлен яд.
Рожали бабы от солдат.
Одна вот также родила
И командиру сына принесла.
Сказала коротко: « Пока,
Пусть это будет сын полка»
Не будем никого винить.
Жизнь молодая, нужно было жить.
Сказать Бобруйк и не сказать Березина.
Ведь больше города прославилась река.
И немцы и французы в ней тонули.
Они ошиблись, на Россию посягнули.
Нас редко выпускали в увольненья.
Я шёл на речку, я искал успокоенья.
И я раз переплыть её рискнул.
И тоже чуть не утонул.
Часами я сидел на берегу.
Смотрел, как бегают девчонки по песку.
На пляже городском и визг ,и вой,
А мне хотелось убежать домой.

Меня ведь первый раз от дома оторвали,
В солдатскую одежду заковали.
Всё было больше по-размеру.
Вот сапоги, как Гулливеру.
Я в них запрыгивал легко,
Но не ходить в них далеко.
И гимнастёрка тоже велика,
А шея в ней, как шея петуха.
И сам я был похож на пугало в саду.
Я даже фото показать могу.
Но люди за пределом гарнизона.
Старались быть такого же фасона.
В Форштадте гнали самогон.
Вот он и устанавливал фасон.
Здесь натуральный был обмен.
Ты мне бутылку-я бушлат взамен.
Бушлаты, сапоги,перчатки
И,по секрету, и взрывчатку.
Вот рядом с гарнизоном весь народ.
Одеты были, как единый взвод.
Смешно смотреть на пацана
И, правда, каждый сын полка.
Не просто говорить о самогоне.
Напиток этот был в законе.
Здесь назывался чемергес.
Его не человек придумал-бес.
Его готовили солдатам
И в будни, и к каким-то датам.
А главный признак, чтоб горел.
Чтоб выпил,как дубиною огрел.
И иногда солдата до отбоя.
Вносили словно после боя.
Готовились мы к бане,как к параду.
Мы выходили в город, к белорусскому народу.
С узлами шли и песней строевой.
Как будто возвращались мы домой.

И старшина командовал: «Ряяяс,два,
Ряды держать и выше голова»
И топот ног по мостовой
И слышно было песню над рекой
«Не плачь девчонка, пройдут дожди.
Солдат вернется,ты только жди».
Солдата служба доставала.
Он убегал туда,где музыка играла..
Туда,где школьницы-девчонки,
Поверх колен задрав юбчонки,
Крутились в вальсах и танго.
Солдаты тоже ого-го.
Иные из самой Москвы.
Такие вывернут финты.
Могли сплясать и рок-эн-ролн.
Хотя и там был комсомол.
Но убегать не поощрялось.
Кого поймают-доставалось.
Но всё равно интрижки заводились.
Бывали случаи-женились.
Бобруйск- три года юности моей.
Я вспоминаю иногда среди ночей.
И офицерский клуб ,и синагогу
И уходящую от города дорогу.
И девочку-она меня любила.
Теперь,наверно, позабыла.

Мелкий дождь моросит третий день.
Вымок весь возле дома плетень.
Как минутная стрелка капель.
От калитки вдруг хлопнула дверь.
Никого мы сегодня не ждём.
Что за гость к нам пришёл под дождём?

Чуткий пёс только ухом повёл.
Это ветер к нам в гости пришёл.
Вместе с ветром пришла и хандра.
Ведь хандра непогоды сестра.
И теперь всё стучится в окно,
Но не видно её,там темно.

Опустились низко тучи
Можно их рукой достать.
Налетает ветер жгучий,
Чтобы щёки обжигать.
Ветер всё сильнее злится.
Громко ставнями стучит.
Кошка спряталась, боится,
Ну а пёс в углу рычит.

Я в календарь пишу,что будет завтра.
На память не надеюсь я давно.
Я знаю точно будет завтрак
И день короткий, как кино.
Что нужно позвонить, поздравить друга.
Ему,как мне, старик,но боевой.
Он говорит,что со здоровьем туго
И рады мы,что всё ещё живой.
Сходить в аптеку, кончились лекарства.
Глядишь уже прошло полдня.
Я за лекарство отдаю полцарства.
Но,кажется, полцарства за коня.
Полдневный сон, ночами плохо сплю.

Потом смотреть футбол, когда-то я играл,
А дальше фильмов несколько смотрю.
Не делал ничего, но всё же я устал.

Зима. Остывает земля.
И кровь остывает с землёю.
Кустарник ёжится в ветвях
И снег кружится надо мною.
Он ровно засыпает всё кругом
И уже больше не растает.
Сугробом стал в деревне дом,
А из сугроба дым играет.

Всё истлело,всё истлело.
Только память уцелела.
Только память сохранила,
Что с годами уронила.
Повседневность, суматоха.
Что казалось было плохо.
Что хотелось зачеркнуть.
Что хотелось оттолкнуть.
Обманулись,что забыто.
Только временем прикрыто.
Только будут, будут дни.
Нам предъявятся долги.

Одиночество, заброшенный островок в океане.
Вокруг которого бушуют волны, страсти.
Все веселятся в телеоэкране,
А ты один, застигнутый в ненастье.
Вот движутся в толпе мужчина или женщина.
Их толкают прохожие- не видят дороги.
Одиночество, вот в чём причина.
Оно от порога и до порога.
Человек разговаривает сам с собой и смеётся.
Его сторонятся, блаженный идёт.
А это одиночество в истерике бьётся.
Для других не опасное, он мирно пройдёт.

Как вкусно пахнет кожа мандарина.
Сожми её в руке и брызнет сок.
Выращивают их на солнечной долине,
А рядом ноги жжёт расплавленный песок.
Их собирают молодые марокканки.
Они застенчивы,открыты лишь глаза.
А одеваются цветасто, как цыганки
Глаза их словно пламя от костра.
И если вам зимою одиноко.
Возьмите мандарин, почувствуйте тепло.
Красивой марокканки из Марокко
И солнце засияет вам в окно.

В круженьи жизней есть свои законы.
Ты будешь тем,кем должен быть.

Возможно тебе будут бить поклоны.
Возможно,что тебе поклоны бить.
Один твой друг окажется вождём
И времени не будет для беседы.
Другой сопьётся, будет алкашом
И ты узнаешь его беды.
А женщина,которую любил.
Тебя презрев, женою станет друга.
Конечно ты её простил.
Такая в жизни крутит вьюга.
Однако в старости, когда кладёшь итоги.
Поймёшь,что всё так и должно.
Ты проходил лишь те дороги,
Которые пройти нам суждено.

Когда слова не утешают.
Когда слова не призывают.
Когда слова пустая болтовня.
Они летят поверх тебя.
То лучше ничего не говорить.
Словами лучше не сорить.
Бумагу бросить и перо,
А самому уйти на дно.

Когда-то воевали и слоны.
Собаки ,лошади, верблюды.
Но это отголоски старины.
И побеждали только люди.
Но в подлости людей не остановишь.

Заставят воевать и змей, и крыс.
Чем больше тварей всяческих наловишь,
Тем больше для врага сюрприз.
Представьте вы себе картину.
Сражения в глубинах всех морей.
Воюют с двух сторон дельфины.
За разных,но плохих людей.
Дельфины наши и чужие.
Их научили убивать,
А воины они лихие.
Им только рыбу нужно дать.
Не призваны остались птицы.
Орлы, стервятники, вороны.
Но птица тоже скоро пригодится,
Хотя бы в целях обороны.

Такие они разные поэты,
Но все,как будто не в себе.
Один поэму пишет о котлетах.
Другой копается в измученной душе.
И каждый думает о главном,
Что только он взобрался на Олимп.
Другому это видится забавным.
Он для себя примерил нимб.
Все презирают тех, кто пишет просто.
Кто пишет просто-нет ума.
Вот завернуть, чтоб было остро
И так, чтоб непонятно ни черта.
А кто-то любит в мифологии порыться.
Читатель будь готов к эпохам перемен.
Увлёкшись, может очень углубиться
И получается,что это он разрушил Карфаген.
Поэты, я чудак такой же.

Когда напишешь - видишь ерунда.
И редко на стихи похоже.
Поэтому ругайте и меня.

Я оккупировал Канаду
И сам не ведая того.
Канаде нет со мною сладу,
Хотя не делал ничего.
Во всех бумагах- оккупант,
А я всего по-визе гость.
Всего и оккупировал диван,
Но всё равно Канаде кость.
Живу я тихо, тише мыши
И развиваю свой талант,
Но почему же всё же пишут,
Что я здесь злостный оккупант?

Когда впервые я увидел море
Не мог понять, где небо, где вода.
Кричали чайки, очевидно споря
И даже дрались, как шпана.
Вода сдвигала камешки лениво.
Прибрежный мыла чистенький песок.
Лежала девушка, закрыв лицо стыдливо,
А надо бы закрыть курчавенький лобок.
А солнце жарило,что камни накалились.
Темнели люди прямо на глазах.
Грузины с гор к воде спустились
И пели песню, но не разберёшь слова.

А море, словно вдовушка вздыхало
По ветру сильному,оно его любило.
Когда оно от ярости стонало
И корабли прибрежные топило.
А вечером, у края моря,
Вползала яркая луна.
Огромная, в безжизненном просторе
И островами были облака.

Нелётная погода, туманы и дожди.
И тем, кто не летает, не хочется идти.
Спасенье только книги, иные там миры.
Там бродишь по пустыням и таешь от жары.
А здесь такая слякоть и холодно внутри.
Уже неделю сыпят осенние дожди.
Промокли на аллеях созревшие цветы.
Промокли даже стойкие фонарные столбы.
Почти что судоходными становятся ручьи.
Им некуда деваться от хлынувшей воды.
В нелётную погоду рифмуются стихи.
Они такие мокрые, и в голове дожди.

Шёл утром дождь, к обеду снег с дождём.
К полудню только снег.
И ветер дунул декабрём.
Зима начинает разбег.

А к вечеру уже сугробы.
Деревья ,как невесты нарядились.
Сугробы ещё мягкие на пробу
И тропы кое-где уж появились.
Все знают -это неизбежно.
А дети рады переменам.
У всех готовы зимние одежды.
И даже к климатическим проблемам.

Ну вот и снова Новый Год
И новый ко всему подсчёт.
На сколько мы ещё усохли.
Спасибо,что ещё не сдохли.
Какой он будет год Дракона?
Год беспредела, или год закона.
У всех на новый год надежды.
Они надеждами останутся,как прежде.
Но всё же как же без надежд?
Без них,как при народе без одежд.
А вдруг исполнятся,ведь мы за это пили
И тосты, чтоб сбылись, произносили.

Зима не только по-погоде.
Зима бывает и в душе.
И всё кругом красиво,вроде,
Но как-то холодно во мне.
И как-то всё не по-порядку
И вещи все не там стоят.
И равнодушие к достатку

И устремлён в себя лишь взгляд.

МОНТ ТРЕБЛАНТ

Я не ездок на горных лыжах.
Не дал мне бог такой талант.
Я снизу все вершины вижу
И оценил я горы Монт Треблант.
Канаде есть чему гордиться.
Хоккеем очень дорожит.
Но каждый горд с горы спуститься.
С горы Тремблант, остаться жить.

И солнечно и холодно, гуляет ветерок.
Январская погода, пришел морозам срок.
Бегут согнувшись люди, а изо рта парок
Их подгоняет резкий январский ветерок.
А небо сине-синее, ни облачка кругом,
Но почему же люди не ходят,а бегом.
Хватаются за уши и прикрывают нос.
Да потому ,что лютый кусается мороз.
Замёрзшие деревья на холоде дрожат
И чтобы чуть согреться ветвями шевелят.
Земля уже посыпана искрящимся снежком.
Покрыта словно новым и праздничным ковром.

Се ля ви, извилисты пути.
За каждым поворотом неизвестность.
Прямой дороги не ищи.
За каждым поворотом неизбежность.
Всё просто, се ля ви.
То серые ,то праздничные дни.
Мелькают поворотные огни.
Они,как объяснения в любви.
Чем ближе приближаешься, тем ярче.
Мелькнут и снова позади.
Казалось же ,что будет жарче.
Тому виною се ля ви.

Там, где летают лишь орлы,
Съезжают лыжники с горы.
Навстречу ветер им свистит:
«Не торопитесь, говорит,
К земле приблизитесь вы скоро.
Но что вас тянет снова в гору.
И снова полетите вниз.
Какой-то у людей каприз.
Со мною спорить,кто быстрей.
А говорят, что вы умней.
С горы и в гору вот забава.
Всего скорей нужна вам слава.
Возьму и с силой собирусь
И я над вами посмеюсь.»

В горах игрушечные домики.
Олени бродят у домов.
Здесь проживают гор поклонники.
Их покровитель- бог ветров.
Они для нас инопланетны
И трасса, как молочная река.
На трассе, в массе, не заметны
Как таракании бега.
Но вызывает уважение,
Кто с чёрной горки прилетит
И я согласен с этим мнением.
Ах! Вон упал и всё лежит.

ПЕРВЫЙ СНЕГ

Закружился в белом танце первый снег.
В вихре танца убыстряется разбег.
В белом танце и деревья и дома.
Этот праздник нам устроила зима.
Кружат сосны вместе с елями в лесу.
Закружилися кустарники в саду.
Белый танец, белый танец он для всех.
Приглашает нас зима на первый снег.

Редко любовь, так и будет любовью.
Красивое теряет красоту.
Должны сознаться, чаще с болью,
Что мы влюблялися не в ту.
Вздыхаем мы, так изменились.
Лет через тридцать трудно нас узнать.
В любимых ищем то, за что влюблялись
И те черты мы будем вспоминать.
Теперь любовь похожа на привычку
И уважаем сохранённое тепло
И смотрим фотографии обычно,
Которые желтеют, как лицо.

Голодные волки выходят из леса,
Хотя понимают, что ждёт их беда.
Не ради какого-то интереса.
Их выгоняет из леса еда.
Они выбирают собачек ленивых.
Их люди покормят ещё по-утру.
Не очень красивых и даже красивых.
Волчата остались в холодном лесу.
Конечно, за это не будет поблажки.
Уже слышны крики враждебных людей.
Но в лес они тащат собачие ляжки.
Волчатам голодным куски пожирней.
Такие законы в лесу и не только.
Голодного сытым так трудно понять.
Вопрос не простой,вон голодных их сколько.
Голодного лучше подальше прогнать.

Она не хочет со мной говорить.
И даже видеть меня не хочет.
Готова меня убить.
На слова о любви, хохочет.
Ну как же мне себя вести?
Дарить цветы, просить прощенья.
Забыть, свободу обрести,
Но будет ли и это мщеньем.
Ведь я люблю её такую.
Ко всем парням её ревную.
Шумливую и заводную.
Зачем же мне искать другую?
Она не хочет со мной говорить
И даже видеть меня не хочет.
И я готов её убить.
Зачем она меня морочит?.

Диван теперь мне вместо трона.
Я восседаю целый день.
Меня не выгонишь из дома.
На улицу ходить мне лень.
Собака рядом спит, приткнувшись.
Во сне вздыхает и храпит
И я сижу ,не шевельнувшись,
Ведь на коленях кошка спит.
Картина эта постоянна.
Диван, животные при мне.
Меняется лишь понорама,

Когда иду я по нужде.

Январь на редкость тёплый и туманный.
Снег выпадал, но таял, не лежал.
Что в январе довольно странно.
Признаюсь, я давно такого не видал.
Туманы всё покрыли пеленою.
Деревья все стоят в слезах.
Дорогу вижу только пред собою
И ощущаю, что уже на небесах.

Дай твои губы, я опьянею.
Стан твой прекрасный я обниму.
Жизни своей не пожалею,
Но и твою я с собой унесу.
Что ты играешь,цыган, песнь унылую.
Жарь плясовую, чтоб всем веселей.
Я приглашу танцевать сизокрылую.
Я сегодня щедрый, всем вина налей.
Эх! Пропали мои ноги,оттопчу их,оттопчу.
Я красавицу цыганку лишь за ночь озолочу.
Надоело жить уныло, жизнью холостою.
Жизнь проходит незаметно, где-то стороною
Запрягу сегодня тройку, тройку вороную
Словно ветер понесёт нас она с тобою.
Отвезу тебя ,цыганка, в сторону чужую.
Спой мне песню о любви, не стесняйся, пой.
Видны табора огни,слышен звон гитары.

Смех мальчишек, речь мужчин, женщин тары-
бары.
Жизнь цыганки весела, пляски ,да базары.
Где гаданья, где обман, в общем тары-бары.
Эх! Пропали мои ноги,оттопчу их ,оттопчу
Я красавицу-цыганку лишь за ночь озолочу.

Если демократии насаждают пушками,
Эти демократии будут всех прочней.
А потом завалят их блестящими игрушками.
В виде конституций и других гвоздей.
Все живут так правильно и точно.
Каждый так считает, может всех учить.
А другие бестолково и порочно.
Пушки их заставят по другому жить.
Кто их будет спрашивать, им зачем свобода?
И какие выборы лучше проводить.
Вот вам демократии, пушки там,у входа.
Вот вам демократы, просим их любить.

Метёт, завывает метель.
Деревья сгибает метель.
Дома заметает метель,
А я вспоминаю апрель.
Дороги заносит метель.
Людей подгоняет метель.
Кружит за окошком метель,
А я вспоминаю апрель.

Зима пришла на Рождество.
Красиво падал снег,деревья засыпая.
Январь справляет торжество,
Снегами в воздухе играя.
Что было серым, побелело.
Налипли снегом провода.
Давно уж слякоть надоела.
И, наконец, пришла зима.

Обидно,когда солнце светит
Сидеть больному у окна.
Никто такого не заметит.
Сидит чудак с утра и до темна.
Могу я комментировать событья.
Перед окном всё происходит наяву.
И радоваться маленьким открытиям,
Которые я сам и нахожу.
Мужчина выпивший идёт из магазина.
В пакете хлеб, пельмени и конъяк.
Пельмени –вот для вывода причина.
Жена ушла, теперь он холостяк.
Другой мужчина, при пальто и в мокасинах.
Портфель коричневый в руках.
Чиновник средний, крупные в машинах,
Но этот тоже при деньгах.
Девчонка плачет, не купили платье
И мать расстроена, как будто не в себе.
Мать говорит девчонке о зарплате.
Семья живёт ,похоже, в нищете.

А иногда мне завидно бывает.
Идут, целуются, смеются и танцуют.
О прошлой жизни я всё чаще забываю.
Совсем забыл ,как сладки поцелуи.
Театр реальной жизни за окном.
Герои для различных амплуа.
Театром может стать нам каждый дом
И даже двор, когда ты болен, у окна.

Войны ещё нет, но играем в войну.
Серьёзные люди играют в игру.
Проблемами занятый, выбрав момент.
В игру подключается сам президент.
На карте кружочком отмечен район.
Туда посылаем морской батальон.
А здесь запретили нам рыбу ловить.
Сначала их надо чуть-чуть проучить.
Какой-то правитель рискнул нас ругать.
Туда корабли для острастки послать.
И надо правителя так вразумить,
А значит и этого надо бомбить.
В военной науке заметен прогресс.
Где нефть добывают, там есть интерес.
Пока это игры, опасные игры.
Пока без движенья «Пантеры» и « Тигры».

Когда говорят об одном, но видят другое,
То нужно проверять и зрение, и слух.

Одно наверняка становится плохое.
Одно вы выбираете из двух.
А, может, те, что говорят, те видят плохо
И сами верят в то, что говорят.
Не могут отличить пшеницу от гороха,
А зрячих обвиняют, что вредят.
Гораздо хуже, если просто лгут.
Ведь ложь на время, проверка на терпение.
Пока комиссию для правды создадут.
Кто говорит, исправят положение.

Печальна схема нашей демографии,
Поэтому пишу я эпитафии.
Тому, кто преждевременно ушёл.
Тому, кто должен был придти, но не дошёл.
Всем искалеченным не только на войне.
Всем захлебнувшимся в вине.
На каждый памятник, для всех без исключения.
Пишу я погребальные творения.

ПАМЯТИ ДРУГА

Этот год был годом смертей
И даже не считая стариков.
Все меньше становилось друзей.
Хотя и не было врагов.
Как в рубке леса, падают большие.
Где было не пройти, теперь уже просвет.
И вроде бы все были не больные.

И только вскрик и жизни больше нет.
Но каждый главное оставил.
Детей и внуков, с ними он похож.
Они держаться будут правил.
Всегда был твёрд и не любил он слёз.
И без тебя, в семейных торжествах,
Когда вдруг кто-то грубо пошутил.
Ты вновь появишься в словах:
«А дед бы так не поступил».

У России силы много.
Был Евпатий Коловрат.
Берегли Россию строго.
Не пройдёт в Россию враг.
Нарисованы не зря.
Помним русских храбрецов.
Сразу три богатыря
И Алёша, и Добрыня, да и Муромец Илья.
Если б дожил Васнецов,
То ещё бы был Никита
По фамилии Хрущёв.
Богатырь он знаменитый.
Рассердил ООН Никиту
И слова здесь ни к чему.
Ну зачем здесь волокита,
Хлоп! Ботинком по столу.
И ещё сказал такое,
Что всем трудно понимать.
Про оружие земное,
Что покажет Кузьмы мать.
С этих пор весь мир боится.
У России есть секрет.
Эта мать ночами снится.

На угрозы- наш ответ.

Январь на исходе, а морозов всё нет.
Снег утром нападал, расстаял в обед.
Зеленеют газоны, как в апреле трава.
После мокрого снега осталась вода.
Солнце светит и греет, перепутал январь.
У природы сегодня другой календарь.
Нет крещенских морозов и река безо льда.
Только вьюжный февраль принесёт холода.

Портрет матери, акварелью.
Всё схвачено до мелочей.
Вот прядь волос, как припорошена метелью.
И взгляд, недоспанных ночей.
Очки застряли на носу.
Ещё мгновенье и слетят.
Уже за восемьдесят,но сохранила красоту.
Вот только взгляд, вот только взгляд.
И губы узкие,характер волевой.
Как швы на ранах, на лице морщины.
Не просто вырастить нас четверых- вдовой.
Не просто ждать с войны мужчин.
Читает книгу, кофточка из ситца.
Роман всего скорее о любви.
В роман на время удалиться.
Ну вот поправила очки.
В тот день был праздник,нас встречала.
Шутили много ,выпили вина.

Нас проводив она сказала:
«Всё, мне конец» и умерла.

Нам показал английский суд,
Как миллиарды добывались.
Не говорите нам про труд,
А то бы рыбы рассмеялись.
Один нам говорит ,что он умён
У глупых деньги отбирал.
Назвал он несколько имён
С которыми он вместе воровал.
Другой кому-то помогал,
А те ему,конечно, не мешали,
Когда он клуб английский покупал.
Российскими тогда не торговали.
И снова нас обмазали в навозе.
Нас носом ткнули в то,как мы живём.
Но кто-то ведь рулит в колхозе.
Воруют-то ведь белым днём.

Небо тучами клубится
И раскатами рычит.
Ветер злится,злится, злится.
Ураганами грозит.
Полыхают рядом грозы.
Шквал воды сметает всё.
В парке сломаны берёзы.
В доме хлопает окно.
Что-то сделалось с природой.

Провинилась чем земля.
Непогода,непогода
На земле уже три дня.

Ну как на всё я реагирую.
Наверно всё же деградирую.
Всё мельче темы занимают
И о любви позабываю.
Всё реже радует строка
Которой бы гордилась голова.
От главного уходит содержание.
Как будто едешь,уезжает расстояние.
На лицах вижу я сомнение
Назвать ли это сочинением.
Усмешку вижу на губах.
При жизни превращаюсь в прах.
Я сам не замечаю,как меняюсь.
Где громко говорил,там заикаюсь.
Признаюсь сам, пускай помилуют.
Наверно всё же деградирую.

Если он будет завтрашний день,
То встану рано.
Пойду по улице, где знакома каждая тень
И всех домов панорама.
Здесь рос я с тополями
И старею вместе с домами.
Хожу я исхоженными путями,
Но уже медленными шагами.

Я вижу, как меняются лица,
Появляются детские коляски.
Это значит жизнь продлится
И нужны ещё детские сказки.
Улица та же, другие одежды.
Другие лозунги, других вождей.
У тех,что в колясках , другие надежды.
Надежды разные у разных людей.
Вот ещё один тополь упал.
Ночью ветер пронёсся,пугая.
На аптеке вывеску сорвал.
Шифер оторвал от старого сарая.
На этой улице гуляли мы с друзьями.
Потом с любимой девушкой вдвоём.
Не думали о том,что будет здесь за нами.
Об этом думают потом.
Завтра снова я выйду на улицу.
Я пересилю свою лень.
Смотреть на изменённые лица,
Если он будет завтрашний день.

У нас идёт гражданская война,
Но победителей не будст.
Как от цунами набежавшая волна.
Ей всё равно кого она погубит.
Война отцов и матерей,
О чём подумать даже страшно.
Против своих же собственных детей.
Война для общества опасна.
Полмиллиона армия бездомных.
На чердаках, заброшенных подвалах.
Голодных, грязных, обозлённых
И по углам больших вокзалов.

Материал для тюрем и колоний.
Воруют пищу в основном.
Спасаются, волчата, от погони
И прячатся за каждым за углом.
Они нас взрослых ненавидят.
Что им чужие, если брошены отцом.
Когда отца глаза в глаза увидят,
Отец поймёт, что был он подлецом.

Гаснет день, удлинняются тени.
Солнечный свет на верхушках осин.
Опьяняюще пахнут сирени.
Наклонилися кисти рябин.
Ещё миг, всё покроется мглою
И на небе зажгутся огни.
Этот вечер мы будем с тобою.
Говорить, говорить о любви.
Слышишь в роще поют соловьи.
Как прекрасно звучат эти песни.
Они тоже поют о любви.
Нет других этих песен чудесней.

О звёздах мы теперь так мало знаем.
В каких галактиках и сколько к ним лететь.
Но наших жизней нехватает
И остаётся нам на звёзды лишь смотреть.
Но с каждым годом звёзды ближе, ярче
И с каждым годом больше их в ночи.
Находим новые и даже солнца жарче

И к ним прокладываем для других пути.

Не буду тебя называть
И прошу прощения.
Позволил любовь растоптать.
В любви породил сомнения.
От чистой любви отрёкся.
Значить был её недостоин.
Обжёгся, ах, как обжёгся.
Ночами думаю, чего я стою.
Я отдаляюсь от этого времени,
Стараюсь многое забыть.
Нечаянно касались мы коленями.
Боялись слова мы «любить».
Но мы искали эти встречи.
Сидеть на лавочке и рядышком идти.
И глупые от счастья речи.
И счастье, что коснулся до руки.

Всё ясно, меняем законы.
Они устарели и всё тормозят.
С таким порядком мы знакомы.
Кому-то законы ужасно вредят.
Законы новые пропишем.
Устроем праздничный салют,
Но те, которые законов выше.
На них плевали и плюют.
Которые законов не боятся.
Они считают, что законы не для них.

Защита их- огромное богатство.
Ещё мандат, что из крутых.
Менять-то нужно не законы.
Законы нужно исполнять.
Для всех, для всех они законны.
И всех заставить уважать.

Киты выбрасываются на сушу.
Дети прыгают с высоток.
Что-то их душит.
Дети прыгают не из-за шмоток.
Киты выбрасываются всегда.
Просто не выяснили причину.
Их снова затаскивают в моря,
Но не поднимешь детей на вершину.
Что-то рано устают от жизни,
Даже не начавшие взрослеть.
Развожу руками, только ли капризы.
Может быть не стали их жалеть.
Мне жаль китов, мне жаль детей.
Не дождавшихся счастья своего.
И сыновей, и дочерей,
Увидевших, что в жизни только зло.

Не утешай меня, не утешай.
Словами утешенья лишь обидишь.
Ты так решила, что ж, прощай.
А слёз моих ты не увидишь.
Не убеждай меня , не убеждай.

Зачем любовь ты называешь лишь ошибкой
И слов красивых ты не подбирай.
Не скроешь слёзы за улыбкой.
Не вспоминай меня ,не вспоминай
С тобой мы встретились случайно
В тот тёплый, тёплый месяц май.
Ведь наш роман для всех был тайной.

Меланхолия, куда себя деть?
Ни на что не хочется смотреть.
Мешают стены квартиры.
Плохими кажутся картины.
Работа валится из рук.
Как будто я попал в порочный круг.
И всё, что делаю, всё кажется ничтожным.
И сам я будто уничтоженный.
За что такое наказание?
Похожее на самоистязание.
Сегодня здесь мне нечего искать.
Спать, спать, спать.

Как быстро вырастают дети,
Когда они в чужой семье.
Но мы лишь за своих в ответе.
Всё кормим кашей в молоке.
Но наступает день прозренья,
Когда невесту приведут.
Поймём, конечно, с сожалением

И наши всё-таки растут.
И начинаются тревоги,
Какая будет их судьба.
Какими будут их дороги,
Кругом за что-нибудь война.
Всё чаще в траурных повязках
Встречаем женщин и невест.
То ли погиб в горах кавказских,
А чаще незнакомых мест.
А у соседей на стене
Их сын ,румяный, молодой.
В последнем фото, на броне.
Смеётся, он ещё живой.

Казино. У игроков расширены глаза.
У всех уже в отказе тормоза.
Все жаждут выиграть,но мимо скачет шар.
Остановился рядом и в душе пожар.
И снова ставим фишки на зеро.
И снова шарик мимо пронесло.
А кто-то весь трясётся, выпал номер.
А кто-то проигрался весь и умер.

«А что за ноша за плечами.
Так тяжело согнувшись ты несёшь.
Смотри получше под ногами,
А то споткнувшись, упадёшь»
Обычный груз, скопившийся с годами.
Как мох на камне, на железе ржа.

Растёт тот груз совместно с нами.
Его не снимешь никогда.
Здесь всё : и горечь поражений
И горечь разных неудач.
С людьми немало осложнений,
И по утратам горький плач.
Груз тяжелеет с каждым годом.
Не разогнуться многим от него.
В конце туннеля от него свобода.
И от него, и от всего.

Олигархи поскрипели, но смирились
И готовы частью денег поделиться.
Опасаются, что деньги на границе,
Могут, как и прежде испариться.
Есть у денег свойство испаряться.
Даже если денег очень много.
Не поймёшь, куда могли деваться.
Говорят, с ухабами дорога.
Появляются другие олигархи.
Ниоткуда, вдруг и вот созрели.
Есть которые богаче, чем монархи.
Только вот корону не надели.
Говорят ,чиновник тот же химик.
Знает все законы испаренья.
Перекроет там, где нужно винтик.
Главное, чтоб не было кипенья.

Февраль свирепствует ветрами.
Деревья все пустились в пляс.
И машут белыми ветвями.
Порой похожие на нас.
И в этом белом хороводе.
И в этой белой кутерьме.
Какой бы не бывать погоде.
Прощальное признание зиме.

С каких-то пор, с каких-то пор
Границей стал простой забор.
Границу нужно защищать
И разрешается стрелять.
С каких-то пор, с каких-то пор
Опасным стал обычный спор
И лучше спор не затевать.
Ведь разрешается стрелять.
С недавних пор, с недавних пор ,
Что ни дорога,то затор.
И лучше на дороге не зевать.
Ведь разрешается стрелять.
С недавних пор, с недавних пор
Для всей страны такой позор.
И говорить, и написать
За правду стали убивать.

У нас теперь свободный рынок.
Остаться можно без ботинок.
Чтобы имущество отнять.

Дешевле киллера нанять.
Идёт дискуссия опять.
Оружие продать или не дать.
Себя вдруг будут защищать.
Кто не приучены стрелять.
Решили- право за бандитом.
Ему позорно быть убитым.
А те, что только с кулаком
Пускай спасаются бегом.

Когда мы просто отдыхаем.
Идём мы в русский клуб «Лехаим».
Здесь весело ,как в Новый год.
Здесь кто танцует, кто поёт.
И даже звёзды залетают.
Дадут концерт, их вспоминают.
Бывает праздник за столом
И все поют «Шолом,шолом.»

За стеной ежедневно веселье.
О бабьем лете поёт Джо Дассен.
Здесь каждый день,как новоселье.
У них не бывает проблем.
Я рад за них, я люблю Джо Дассена.
Бывает ругань,слышны голоса,
Но музыка спасает из плена.
Я рад за них,что любовь не прошла.
В любви опасна тишина.
Для спора больше нету тем.

Нет больше музыки,когда любовь ушла.
Но больше надвигается проблем.

ЗОЛУШКА

Потеряла Золушка башмачок.
Поломался туфельки каблучок.
На балу у принца суета.
Принц влюбился в Золушку, вот беда.
Золушка красива, но бедна.
Покорила принца красота.
Стали ножки девушек проверять.
Башмачок на ножку примерять.
Многие хотели б башмачок надеть,
Но беда лишь в том, что нужно похудеть.
Многие толстушки плакали тогда.
Не видать им принца никогда.
Но любая сказка кончится добром.
Встретится девица с молодцом.
Золушку по туфельке принц найдёт.
Во дворец невестой приведёт.

Когда дельфинов приравняют к людям
Я за собак начну голосовать.
За лошадей, а также за верблюдов.
Они нас научились понимать.
А часть людей перевести обратно
В далёкие, далёкие века.
Пусть тренируют мозг, засохший безвозвратно
И учатся не разрушать, а строить города.

Мы почему животных приближаем?
Они не могут за добро ответить злом.
Поговорить приятно с попугаем.
И восхищаться умницей котом.

У Президента Сенегала закончился второй срок правления, ему более 80 лет, но он снова выдвинул свою кандидатуру на выборы. Если его выберут,то в конце срока правления ему будет 90.

Зачем так люди рвутся к власти?
Стараюсь стариков понять.
А может это всё же счастье
Себе подобных унижать.
Кто власть познал, становятся больными.
Цепляются за спинки трона.
Себя считают неземными.
Готовы рамки нарушать закона.
А недовольных:
Умным строгость.
Другим побольше развлечений.
Кто подхалимы-тех не трогать
И правь до умопомраченья.

Витает война и никто не скрывает.
Всё ближе и ближе она надвигает.
И пушки заряжены и бомбы подвешены
И жертвы с живыми уже перемешаны.
А толпы кричат,что других уничтожат.
Они ошибаются,что что-то поможет.

В войне погибают и жёны и дети.
Они за других,как обычно в ответе.
Все ждут лишь команду,кто первый начнёт.
И мирное время надолго уйдёт.
Потом разбираться начнут, что же было.
И что миллионы людей погубило.

Из Московской уголовной хроники:два года назад был убит бизнесмен,год назад его сын, а вчера вместе с охранником,погибла жена и мать тех бизнесменов.

Вчера был бизнес на обмане,
Сегодня бизнес на крови.
Всё смотрим дома, на экране.
Таков он бизнес, се ля ви.
Не сохраняет и охрана.
Охрана гибнет на посту.
Чужие деньги и чужая драма,
А гибнут за неё,как за свою.
Большие деньги многих привлекают,
А нужно лишь всего, те деньги отобрать
И средство все отлично знают.
Кто не отдал, тех надо убрать.
Как долго это будет длиться?
Наверное еще полсотни лет.
Ведь как-то бизнес должен оградиться
От тех,кто держит пистолет.

Редкие снежинки, можно сосчитать
За окном в гостиной начали летать.

Кошка озабочена,хочет их поймать.
Ветер начинает с кошкою играть.
Кошка,разозлившись, хлопнет по стеклу.
Отлетев снежинки, двинулись к окну.
Кошка нервно дёргает согнутым хвостом:
« Вам везёт сегодня,что я за стеклом»

« Забудьте всё ,что раньше было
И смело двигайте вперёд»
Но у меня внутри заныло.
Ну кто ж без памяти живёт.
Вперёд,конечно, двигать надо,
Но нужно ли, что было забывать.
Не прошлое для нового преграда.
Всё, что построено не нужно разрушать.
Забыть и дом, и школу, и войну.
Забыть любовь, о чём мечтал.
Такого лозунга я точно не приму
И даже если я немножечко отстал.

На стене фотографии, в том числе и моя,
Как листки биографии, в общей книге-семья.
Есть портреты парадные, для каких-нибудь дат
И особенно ценные-вот на фронте мой брат.
И совсем шаловливые,молодые года.
Это внуки,сопливые,им теперь к сорока
А вот эта красавица-это в прошлом жена.
Ей бы жить бы ,да жить бы,но она умерла.
Нет лишь дедов и бабушек,не снимались тогда.

Так что образ размазанный,как на фото слеза.
Я стою очень часто перед этой стеной
И веду разговоры со всею семьёй.

Знания-они копятся
И никуда не торопятся.
Хорошо быть умным в юности
И не делать в жизни глупости.
Только всё без нас просчитано
И не всем года засчитаны.
Подъитожены и помножены
И,как трофеи, к ногам положены.

Весенние дожди нас вовсе не тревожат.
Они нас радуют своею теплотой.
Они растения умножат.
Омоют их целебною водой.
А если вдруг ещё и солнышко пробьётся.
Лучами озарит прекрасное вокруг.
Душа любовью отзовётся.
Как будто вновь влюбился вдруг.

Когда откажут тормоза,
То надвигается беда.
Не только это на дороге,
Но даже дома иногда.

Казалось истина простая
Сдержись на время,не дыми
Любая ссора в памяти печать
И не смягчает слово» извини»
Когда чуть треснуло в стекле.
Порою незаметное для глаз,
А чуть дотронишься и разлетится всё.
Такое было много раз.

По аллеям Королевского парка
Иду в сиреневом цвете.
Не надо другого подарка.
Волосы лениво шевелит ветер.
На высоком пьедестале, на коне
Восседает бронзовый король.
Он в битвах был,горел в огне.
Теперь он бронзовый герой.
На лавках мирно спят бомжи,
А рядом стайка воробьёв.
Свободные люди, свободной страны,
Они во власти сладких снов.
А запах сирени,а запах сирени
В Королевском парке дурманит меня.
И король, и бомжи-все они в отдалении.
Лишь запах сирени, апрельского дня.

СОДЕРЖАНИЕ

www.ingramcontent.com/pod-product-compliance
Ingram Content Group UK Ltd.
Pitfield, Milton Keynes, MK11 3LW, UK
UKHW041840200726
13854UKWH00003BA/1233